L. RONCIN

1ʳᵉ CLASSE DU CADRE AUXILIAIRE DE L'INTENDANCE, LICENCIÉ EN DROIT

DES ACTES CONSERVATOIRES

DES

INTÉRÊTS CIVILS DES MILITAIRES

AUX ARMÉES

LOIS DU 7 JUIN 1893 RELATIVES AUX ACTES DE PROCURATION,
DE CONSENTEMENT ET D'AUTORISATION ET AUX TESTAMENTS DRESSÉS
AUX ARMÉES

(Extrait de la *Revue militaire universelle*.)

PARIS | LIMOGES
11, PLACE SAINT-ANDRÉ-DES-ARTS. | 46, NOUVELLE ROUTE D'AIXE, 46.

HENRI CHARLES-LAVAUZELLE

Éditeur militaire.

1894

DES ACTES CONSERVATOIRES

DES

INTÉRÊTS CIVILS DES MILITAIRES

AUX ARMÉES

DROITS DE REPRODUCTION ET DE TRADUCTION RÉSERVÉS.

L. RONCIN

ATTACHÉ DE Iʳᵉ CLASSE DU CADRE AUXILIAIRE DE L'INTENDANCE, LICENCIÉ EN DROIT

DES ACTES CONSERVATOIRES

DES

INTÉRÊTS CIVILS DES MILITAIRES

AUX ARMÉES

LOIS DU 7 JUIN 1893 RELATIVES AUX ACTES
DE PROCURATION, DE CONSENTEMENT ET D'AUTORISATION
ET AUX TESTAMENTS DRESSÉS AUX ARMÉES

(Extrait de la *Revue militaire universelle*.)

PARIS | **LIMOGES**
11, Place Saint-André-des-Arts. | 46, Nouvelle Route d'Aixe, 46.

Henri CHARLES-LAVAUZELLE

Éditeur militaire.

1894

DES ACTES CONSERVATOIRES

DES

INTÉRÊTS CIVILS DES MILITAIRES

AUX ARMÉES

PREMIÈRE PARTIE

Loi relative aux actes de procuration de consentement à mariage ou à engagement militaire et déclarations d'autorisation maritale dressés aux armées.

Les articles 2 et 3 de la loi du 16 fructidor an III additionnelle à celle du 11 ventôse portaient que les militaires qui se trouvaient en pays ennemi ou au bivouac, à défaut de notaire pour recevoir leur procuration, pourraient s'adresser au conseil d'administration du corps auquel ils appartenaient et qu'il suffirait que cette procuration fût signée par les membres du conseil d'administration et revêtue du sceau du corps.

L'instruction ministérielle du 8 mars 1823 qui réglementa l'exécution des dispositions du Code civil et de divers décrets relatifs aux actes conservatoires des intérêts civils des militaires, conclua par induction que les fonctionnaires de l'intendance qui tiennent lieu pour les officiers sans troupe et les employés de conseil d'administration devaient agir de même à leur égard. Dans ce cas, la procuration devait être dressée par le fonctionnaire de l'intendance, qui la signait avec le mandant, et, si ce dernier ne savait pas signer, il devait en être fait mention attestée par deux témoins.

L'instruction ajoute que les procurations, les certificats de vie et les testaments que les officiers et fonctionnaires de l'intendance sont autorisés à recevoir doivent être enregistrés sur un mémorial, sans entrer dans aucun détail, en énonçant que tel jour il a été fait une procuration par telle personne ou qu'on a reçu un testament pour telle autre personne, et que ces registres d'ordre doivent être envoyés au ministère de la guerre lors de la rentrée sur le territoire français.

Telles étaient les principales dispositions qui réglaient la matière jusqu'à ces derniers temps.

Mais nos lois militaires appelant sous les drapeaux un grand nombre d'hommes et la rapidité de la mobilisation devant avoir pour effet incontestable d'enlever la plupart des citoyens à leurs affaires soudainement, sans qu'ils aient eu le temps de prendre toutes les dispositions nécessaires à la bonne gestion de leurs intérêts matériels pendant leur absence, il importait de faciliter à tous ceux qui font partie à un titre quelconque de l'armée de pourvoir d'une façon rapide à leurs affaires les plus urgentes.

Tel a été le but de la loi du 8 juin 1893. En outre, les dispositions anciennes ne s'appliquaient qu'aux militaires *hors de France*.

Les événements de 1870 ayant démontré leur insuffisance, puisque la guerre peut être portée chez nous, la nouvelle loi a eu pour but de les modifier en spécifiant qu'elles s'appliqueraient en temps de guerre aussi bien aux militaires qui sont sur le territoire français qu'à ceux qui sont hors du territoire.

C'est là la principale innovation de la nouvelle loi.

Voici ses principales dispositions :

En temps de guerre ou pendant une expédition, les actes de procuration, de consentement à mariage ou à engagement militaire et les déclarations d'autorisation maritale consentis ou passés par les militaires ou les personnes employées à la suite des armées, pourront être dressés par les fonctionnaires de l'intendance.

A défaut de fonctionnaires de l'intendance, les mêmes actes pourront être dressés :

1° Dans les détachements isolés, par l'officier commandant pour toutes les personnes soumises à son commandement ;

2° Dans les formations ou établissements sanitaires dépendant des armées, par les officiers d'administration gestionnaires pour les personnes soignées ou employées dans ces formations ou établissements ;

3° Dans les hôpitaux maritimes et coloniaux, sédentaires ou ambulants, par le médecin directeur ou son suppléant pour les personnes soignées ou employées dans ces hôpitaux.

Hors de France, la compétence des fonctionnaires de l'intendance et officiers ci-dessus désignés sera absolue.

En France, elle sera limitée au cas où les intéressés ne pourront pas s'adresser à un notaire. Mention de cette impossibilité sera faite dans l'acte.

Les actes reçus dans ces conditions seront faits en brevet (1). Ils seront légalisés par un fonctionnaire de l'intendance s'ils ont été dressés dans un corps de troupe, ou par le médecin chef s'ils ont été dressés dans un hôpital ou une formation sanitaire militaire.

Ils ne pourront être valablement utilisés qu'à la condition d'être timbrés et après avoir été enregistrés.

Comme on le voit, *en France* la nouvelle loi admet la compétence des autorités militaires quand il ne pourra être fait appel aux autorités civiles.

---

(1) Les actes en brevet sont ceux dont il ne reste pas minute et dont on délivre l'original.

Mais *hors de France* la loi sera toujours applicable en temps de paix comme en temps de guerre.

« Du moment, dit M. Darlan dans son rapport à la Chambre sur ce projet de loi, où un corps d'armés opère hors de notre sol, il importe qu'il puisse au besoin ne compter que sur lui-même et trouver dans ses ressources propres tout ce qui est nécessaire à son fonctionnement. Cette nécessité s'impose donc dans nos possessions coloniales ou dans les pays placés sous notre protectorat. »

L'article 1er de la loi donne, ce que ne faisait pas l'instruction ministérielle du 8 mars 1823, une compétence absolue aux fonctionnaires de l'intendance pour recevoir les actes dont s'agit. Ce n'est plus seulement pour les officiers sans troupe ou pour les troupes dont ils ont la surveillance administrative qu'ils peuvent passer ces actes, mais pour toute personne appartenant à l'armée.

Cette loi s'applique aux militaires et aux *employés à la suite de l'armée*. Que doit-on entendre par cette expression ? Par employé aux armées, la loi a voulu entendre tout individu appartenant à une administration militaire et porteur d'une commission du ministre, comme les agents civils des postes et trésoreries ; tous les individus appartenant à l'entreprise d'un service administratif de l'armée, comme par exemple les employés d'un fournisseur ou d'un entrepreneur suivant les armées, les vivandières, les domestiques, les membres de la Société de secours aux blessés, etc. ; en un mot, le texte n'est pas limitatif et l'esprit de la loi est d'en faire bénéficier tous ceux qui, à un titre quelconque, concourent à la défense du drapeau et dont la présence sur le lieu des opérations de guerre est légitime.

Enfin l'ordonnance du 8 mars 1823 décidait que dans le cas où l'acte était dressé par un fonctionnaire de l'intendance seul, et dans le cas où le mandant ne savait pas ou ne pouvait pas signer, il en était fait mention dans l'acte, avec attestation par deux témoins.

La loi nouvelle ne parle pas du cas où la personne qui fait un des actes sus-énoncés ne sait ou ne peut pas signer; doit-on en conclure que le législateur a entendu s'en référer à l'instruction ministérielle du 8 mars 1823 et en maintenir les dispositions, ou au contraire affranchir ces actes de cette formalité ?

Nous pensons que c'est à la seconde de ces interprétations que l'on devrait s'en tenir et que ces actes pourront toujours être dressés par les fonctionnaires de l'intendance ou les officiers ayant qualité à cet effet seuls et sans le concours de deux témoins. L'esprit de la loi est de donner aux fonctionnaires militaires qui doivent dresser ces actes toute la compétence des officiers publics qui les reçoivent dans la vie civile; or les notaires n'ont pas à appeler de témoins supplémentaires aux actes dans lesquels comparaissent des personnes ne pouvant ou ne sachant signer.

Toutefois, tant qu'une nouvelle instruction ministérielle n'aura pas tranché la question, il sera bon de s'en référer aux prescriptions de l'instruction du 8 mars 1823, qui exige la présence de deux témoins.

Quant à ce qui concerne la tenue du mémorial, sur lequel doivent être enregistrés les actes que les fonctionnaires de l'intendance et les autres officiers désignés ci-dessus sont autorisés à recevoir, la loi n'en parle pas. Comme il s'agit là plutôt d'une réglementation d'ordre intérieur que d'une formalité indispensable, le législateur n'avait pas à en tenir compte. Ces actes devront donc, comme par le passé, être inscrits sur un mémorial qui sera envoyé, à la fin de la campagne ou lors de la rentrée des troupes sur le territoire français, au ministère de la guerre.

DEUXIÈME PARTIE

Loi relative aux testaments militaires et modifiant les articles 981 à 984 et 988 à 998 du Code civil.

Comme pour la loi précédente, celle qui est relative aux testaments a eu pour but de mettre notre législation en rapport avec les nouveaux besoins que doivent créer en cas de mobilisation nos nouvelles lois militaires.

Son but à été d'admettre, *en France*, ce qui n'existait pas avant, en cas de mobilisation ou de siège, la compétence simultanée des autorités militaires et des autorités civiles sans priorité ou préférence pour les unes ou les autres ; les masses d'hommes qui seront mises sur pied seront telles qu'on ne saurait compter exclusivement sur les autorités civiles.

Voici, telles qu'elles résultent des modifications apportées par la dernière loi, les dispositions qui régissent le testament militaire.

I

Des personnes qui ont qualité pour recevoir le testament militaire.

D'après l'ancienne rédaction des articles 981 et 982 du Code civil, les testaments des militaires et des individus employés aux armées pouvaient être reçus par un chef de bataillon ou d'escadron, ou par tout autre officier d'un grade supérieur en présence de deux témoins, ou par deux commissaires des guerres, ou par un de ces commissaires en présence de témoins. Si le testateur était malade ou blessé, le testament pouvait être reçu par l'officier de santé en chef assisté du commandant militaire chargé de la police de l'hospice.

Bien que les commissaires des guerres aient été supprimés par l'ordonnance royale du 29 juillet 1817, rien n'avait été changé au texte du Code jusqu'au jour de la promulgation de la loi du 8 juin 1893, qui a remplacé les mots « commissaires des guerres » par « fonctionnaires de l'intendance ». Ces derniers, depuis la création du corps de l'intendance, remplacent en effet les anciens commissaires des guerres, mais sans avoir la totalité des importantes fonctions qu'avaient ces puissants administrateurs (1).

Aux termes de la nouvelle loi, les testaments des militaires et des personnes employées aux armées pourront être reçus, savoir :

1° Par un officier supérieur en présence de deux témoins ;

2° Par deux fonctionnaires de l'intendance ou officiers du commissariat ;

3° Par un de ces fonctionnaires ou officiers en présence de deux témoins ;

4° Dans un détachement isolé. par l'officier commandant ce détachement, assisté de deux témoins, s'il n'existe pas dans ce détachement d'officier supérieur, de fonctionnaire de l'intendance ou d'officier du commissariat.

Le testament de l'officier commandant un détachement

---

(1) « Sous l'ancien régime, dit M. l'intendant général A. Baratier dans son ouvrage sur *L'Intendance militaire pendant la guerre de* 1870, les commissaires des guerres jouissaient de pouvoirs et d'attributions considérables ; délégués du roi, émanation de la puissance souveraine, ils avaient contribué à l'accomplissement de la grande œuvre qui consistait à unifier la nation par la soumission de la féodalité ; ils proclamaient les lois, recevaient les serments, exerçaient la police et la discipline des troupes. Magistrats, ils avaient sur les chefs militaires le droit de surveillance et de réquisition. »

isolé pourra être reçu par celui qui vient après lui dans l'ordre du service ;

5° Dans les hôpitaux et les formations sanitaires, si le testateur est malade ou blessé, par le médecin chef assisté de l'officier d'administration gestionnaire ; à défaut de cet officier d'administration, la présence de deux témoins est nécessaire.

La compétence des officiers et fonctionnaires dont l'énumération est contenue dans les trois premiers paragraphes, c'est-à-dire des officiers supérieurs et des fonctionnaires de l'intendance, est absolue; ils peuvent recevoir le testament de tout militaire ou employé aux armées, qu'il soit directement sous leurs ordres ou leur surveillance administrative, ou non.

Dans le cas du paragraphe 4°, au contraire, la compétence de l'officier est limitée aux hommes faisant partie du détachement qu'il commande et son droit ne s'exerce qu'au cas où ce détachement est isolé et où il n'existe ni officier supérieur ni fonctionnaire de l'intendance.

De même, dans le cas du paragraphe 5°, la compétence du médecin chef, assisté de l'officier gestionnaire de l'hôpital ou de deux témoins, est limitée au cas où le testateur, se trouvant dans un hôpital ou une formation sanitaire, est malade ou blessé ; cet officier ne pourrait donc pas recevoir le testament des personnes composant le personnel sanitaire employé sous ses ordres, si ces personnes ne sont ni malades ni blessées. Le texte de la loi est formel à cet égard.

II

Des personnes qui peuvent tester en la forme militaire et dans quels cas elles jouissent de ce privilège.

Tous les militaires et les personnes employées à la suite des armées jouissent du privilège de tester militairement; par personnes employées à la suite de l'armée, il faut comprendre, comme on l'a expliqué ci-dessus dans la première partie, toute personne qui a, à un titre quelconque, concouru à la défense du pays.

Le nouvel article 93 concède même le privilège de tester militairement, s'il est nécessaire, aux personnes non militaires qui se trouveront dans les forts et places fortes assiégées.

Les cas dans lesquels les militaires peuvent tester militairement sont énumérés par l'article 93 du Code civil; ce sont les suivants :

1° *Hors de France*, dans les formations de guerre mobilisées, dans les colonies et pays de protectorat et lors des expéditions d'outre-mer;

2° *Et en France*, en cas de mobilisation et de siège.

Cette énumération ne doit pas être prise dans un sens limitatif; il est bien évident, par exemple, que les prisonniers de guerre chez l'ennemi, qui étaient compris dans l'ancienne énumération de l'article 983 du Code civil et dont il n'est pas question dans la nouvelle loi, doivent bénéficier du droit de tester militairement.

Enfin, le militaire mineur de 21 ans ne pourra disposer, par testament, que jusqu'à concurrence seulement de la moitié des biens dont la loi permet au majeur de disposer. (Art. 904 du Code civil.)

III

Des formes du testament militaire.

On distingue trois sortes de testaments :

1° Le *testament olographe*, qui n'est assujetti à aucune forme particulière, pourvu qu'il soit écrit en entier, daté et signé de la main du testateur ;

2° Le testament par *acte public* ou *authentique*, qui est reçu par deux notaires en présence de deux témoins, ou par un notaire en présence de quatre témoins ; il est dicté par le testateur et écrit par le notaire qui le reçoit. Lecture en est donnée au testateur, ainsi qu'aux témoins : tous signent l'acte ; si le testateur ne sait ou ne peut signer, il en est fait mention, ainsi que de la cause qui l'empêche de signer.

Les témoins doivent être citoyens français majeurs, jouir de leurs droits civils, n'être ni légataires, ni parents ou alliés jusqu'au quatrième degré inclusivement, ni commis de l'individu pour lequel le testament est reçu ;

3° Le testament est dit *mystique* ou secret quand le testateur remet clos et scellé au notaire, en présence de six témoins, le pli contenant ses dispositions testamentaires en lui déclarant que le contenu de l'enveloppe est son testament écrit et signé par lui ou écrit par un autre et signé par lui.

Le notaire dresse un acte de suscription sur l'enveloppe du testament ; il est signé par le testateur, le notaire et les six témoins. Si le testateur ne peut signer l'acte de suscription, il est appelé un septième témoin et il en est fait mention.

Les formalités auxquelles sont assujettis les divers testaments doivent être observées à peine de nullité.

La question se pose de savoir si la forme du testament mystique peut être employée aux armées par les fonctionnaires et officiers qui reçoivent les testaments publics ? Les auteurs sont partagés ; il est généralement admis cependant que cette faculté n'est pas accordée. La loi, considérant la réception d'un testament mystique comme chose plus grave que celle d'un testament ordinaire puisqu'elle l'entoure de plus de formalités et exige plus de témoins, on doit en conclure que le droit de recevoir l'un n'emporte pas celui de recevoir l'autre.

Aux armées, les militaires ou employés à la suite ne peuvent donc tester que par testament olographe ou par testament public.

Le testament olographe, qui est d'un usage fréquent dans la vie ordinaire, sera vraisemblablement employé souvent par les militaires lorsqu'ils pourront écrire. Il a sur le testament public l'avantage d'être assujetti à un bien moins grand nombre de formalités. Il assure enfin d'une façon plus absolue le secret des dispositions qu'il contient.

Le *testament public militaire,* d'après les articles 981 et suivants du Code civil modifiés par la loi du 8 juin 1893, est assujetti aux règles suivantes :

Il sera signé par le testateur, par ceux qui l'auront reçu et par les témoins.

Si le testateur déclare qu'il ne peut ou ne sait signer, il sera fait mention de sa déclaration, ainsi que de la cause qui l'empêche de signer.

Dans le cas où la présence de deux témoins est requise, le testament sera signé au moins par l'un d'eux, et il sera fait mention de la cause pour laquelle l'autre n'aura pas signé.

La loi impose au fonctionnaire ou à l'officier rédacteur du testament l'obligation de le signer, mais ne lui impose pas comme au notaire de l'écrire lui-même ; il pourra donc le faire écrire par un secrétaire ou toute autre personne.

Bien que la loi nouvelle ne dise rien de la capacité exigée des témoins, on ne doit pas en conclure que le législateur a voulu s'écarter des règles prescrites par les articles 974 et 975 du Code civil. On devra donc exiger de ces derniers la capacité requise par ces deux articles.

L'article 909 du Code civil prescrit que les docteurs en médecine ou en chirurgie, les officiers de santé et les pharmaciens qui auront traité une personne pendant la maladie dont elle meurt ne pourront pas profiter des dispositions testamentaires qu'elle aurait faites en leur faveur pendant le cours de cette maladie. Même règle doit être observée à l'égard des ministres du culte.

Ne sont cependant pas interdites les dispositions rémunératrices faites à titre particulier eu égard aux facultés du disposant et aux services rendus.

Lecture entière du testament est donnée au testateur en présence des témoins et mention expresse en est faite.

Dans tous les cas, il doit être fait un double original du testament ; si cette formalité n'a pu être remplie à raison de l'état de santé du testateur, il sera dressé une expédition du testament pour tenir lieu de second original. Cette expédition sera signée par les témoins et les officiers instrumentaires ; il y sera fait mention des causes qui ont empêché de dresser le second original.

Il sera enfin donné lecture au testateur, en présence des témoins, des dispositions de l'article 984, et mention de cette lecture sera faite dans le testament. Cet article fixe la durée après laquelle le testament militaire cesse d'avoir son effet ; il en sera question ci-après, sous le paragraphe 5.

IV

Mesures prescrites pour l'envoi des testaments reçus aux armées.

Dès que la communication sera possible et dans le plus bref délai, les deux originaux, ou l'original et l'expédition du testament, seront adressés séparément et par courriers différents sous plis clos et cachetés au ministère de la guerre pour être déposés chez le notaire indiqué par le testateur ou, à défaut d'indication, chez le président de la Chambre des notaires de l'arrondissement du dernier domicile.

V

Époque à laquelle le testament militaire cesse d'avoir son effet.

L'ancien article 984 du Code civil disait : « Le testament militaire sera nul six mois après que le testateur sera revenu dans un lieu où il aura la faculté d'employer les formes ordinaires. »

Ce texte a été maintenu et complété. « Toutefois, ajoute le nouvel article, si avant l'expiration de ce délai de six mois le testateur a été de nouveau placé dans une des situations prévues par l'article 93 du Code civil, le testament sera alors valable pendant la durée de cette situation spéciale et pendant un nouveau délai de six mois après son expiration. »

Telles sont les dispositions essentielles des deux lois du 8 juin 1893 en ce qui concerne les actes conservatoires des intérêts civil des militaires.

Elles permettent dans une plus large mesure que par le passé à tous ceux qui font partie à un titre quelconque de l'armée de pourvoir en temps de guerre et hors de France à leurs affaires les plus urgentes, et sont un nouveau gage de l'intérêt que portent les pouvoirs publics à tout ce qui touche aux intérêts moraux et matériels de ceux qui sont appelés à défendre le drapeau.

TROISIÈME PARTIE

Modèles d'actes.

N° 1. Modèle de procuration.

Par devant nous, M. N... (*nom, prénom, grade, emploi du fonctionnaire ou de l'officier recevant l'acte*) (1).

A comparu :

M... (*nom, prénom, grade, emploi du mandant*) (1).

Lequel a, par ces présentes, constitué pour son mandataire M..., (le nom du mandataire peut rester en blanc).

Auquel il donne pouvoir de pour lui et en son nom :

1° Gérer tant activement que passivement tous les biens et affaires du constituant, présents et à venir;

2° En conséquence, recevoir tous loyers, fermages, intérêts et arrérages de rentes et autres revenus échus ou à échoir; recevoir tous capitaux qui sont et pourront être dus au constituant;

3° Louer ou affermer par écrit ou verbalement, pour le temps et aux charges et conditions que le mandataire avisera, tout ou partie des biens meubles et immeubles qui appartiennent et appartiendront par la suite au mandant, passer et renouveler tous baux, les résilier avec ou sans indemnité, faire dresser tous états de lieux, les approuver, donner et accepter tous congés, vendre toutes coupes de bois et toutes récoltes, faire toutes réparations et construc-

---

(1) Indiquer l'armée, le corps d'armée, la division et la brigade.

tions, arrêter tous devis et marchés à ce sujet, régler tous mémoires d'ouvriers et entrepreneurs ;

4° Prendre à loyer par bail ou autrement tous appartements pour le temps et aux prix, charges et conditions que le mandataire avisera ;

5° Acquitter toutes les sommes qui pourront être dues par le constituant, notamment toutes impositions et contributions ; faire toutes réclamations ou dégrèvements, présenter tous mémoires et pétitions ;

6° Faire tous emplois de fonds, soit en placement sur l'Etat ou sur particuliers, soit en acquisitions d'immeubles, accepter toutes cessions et transports et toutes constitutions de rentes perpétuelles ou viagères, obliger le comparant au paiement des prix des acquisitions qu'il fera ;

7° Vendre tout ou partie des biens, meubles et immeubles qui appartiennent ou appartiendront au constituant, aux prix, charges et conditions que le mandataire avisera ; recevoir le prix de ces ventes, faire tous échanges, payer ou recevoir toutes soultes, et, dans ces derniers contrats, obliger le constituant à toutes garanties, faire toutes déclarations, réaliser tous prix par voie de transport ;

8° Vendre et négocier toutes actions, obligations et autres valeurs de bourse, transférer toutes inscriptions de rentes sur l'Etat, portées au nom du constituant, faire toutes réquisitions de certificats de propriété, toucher le remboursement de toutes valeurs amorties ou sorties au tirage, transporter toutes créances avec ou sans garantie, en toucher le prix, commettre tous agents de change, signer tous transferts ;

9° Intervenir dans tous actes de transport et délégations qui pourraient être faits sur le constituant, les accepter et les tenir pour signifiés, faire toutes déclarations, consentir et accepter toutes prorogations, en fixer les conditions, s'obliger à leur exécution ;

10° Recueillir toutes successions et legs échus ou pouvant échoir au comparant, requérir toutes appositions de scellés ou s'y opposer, faire procéder à tous inventaires et ventes de meubles, choisir tous officiers publics, dans le cours de ces opérations, faire tous dires, réquisitions, déclarations, protestations et réserves, prendre connaissance des forces et charges des successions et legs, les accepter purement et simplement ou sous bénéfice d'inventaire, même y renoncer, faire à tous greffes toutes déclarations et affirmations, prendre aussi connaissance de tous testaments, codicilles et autres libéralités, en consentir ou contester l'exécution ; faire toutes déclarations de succession, payer tous droits de mutation, faire procéder à l'amiable ou en justice à tous comptes, liquidations et partages de biens, meubles et immeubles, choisir tous experts, composer les masses, faire et exiger tous rapports, consentir et exercer tous prélèvements, former les lots, les tirer au sort ou les distribuer à l'amiable, fixer toutes soultes, les payer ou recevoir, faire ou accepter tous abandonnements, cessions et transports, laisser tous objets en commun, donner tous pouvoirs pour les administrer ou en suivre le recouvrement, faire procéder à toutes licitations ou y défendre, enchérir ou se rendre adjudicataire de tout ou partie de ces biens ;

11° Entendre, débattre, clore et arrêter tous comptes avec tous créanciers, débiteurs ou dépositaires, en fixer les reliquats, les payer ou recevoir ;

12° En cas de faillite de quelque débiteur, prendre part à toutes assemblées et délibérations de créanciers, nommer tous syndics et agents, signer tous concordats et contrats d'union et d'atermoiement, s'y opposer, produire tous titres et pièces ;

13° Assister à toutes assemblées et délibérations de conseils de famille pour nomination de tuteurs, subrogés-tuteurs ou curateurs à des mineurs ou interdits, refuser toutes autorisations ou les donner, accepter celles desdites fonctions qui seraient conférées au constituant et agir pour lui ;

14° Retirer de tous bureaux de poste, messageries et administrations, tous paquets de lettres chargées ou non à l'adresse du constituant, en donner décharge, toucher tous mandats;

15° En cas de difficultés quelconques ou à défaut de payement, exercer toutes les poursuites, contraintes et diligences nécessaires, depuis les préliminaires de la conciliation jusqu'à l'entière exécution de tous jugements et arrêts;

16° De toutes sommes reçues et payées, donner et exiger quittances et décharges, consentir mentions et subrogations avec ou sans garantie, faire mainlevée de toutes inscriptions, saisies ou oppositions, se désister de tous droits de privilège, d'hypothèque et d'action résolutoire, le tout avec ou sans paiement, remettre ou se faire remettre tous titres et pièces;

17° Aux effets ci-dessus, passer et signer tous actes, élire domicile, substituer et généralement faire le nécessaire.

Dont acte.

Fait et passé à...

L'an...

Le...

Et après lecture faite, le comparant a signé avec M. N...

Si le mandant ne sait pas signer il y a lieu de clôturer ainsi :

L'an...

Le...

En présence de M...

et de M... (*noms, prénoms, grades et emplois des témoins*), témoins requis conformément à l'ordonnance du 8 mars 1823, qui ont attesté que M... (*nom du mandant*), sur la réquisition qui lui en a été faite par M. N..., a déclaré ne pouvoir signer (*indiquer pour quelle cause*).

Et lecture faite, M. N... a seul signé avec les témoins.

Nota. — La procuration ci-dessus comprend les pouvoirs

qu'il est d'usage d'insérer le plus souvent dans une procuration générale. Lorsque le mandant désire donner une procuration spéciale, il suffira de choisir ceux des pouvoirs que le mandant désire donner; cette formule n'a en outre rien d'obligatoire et le mandant n'est pas tenu de s'y conformer; elle a seulement pour but de prévoir les principaux cas pouvant se présenter.

2° Modèle de consentement à mariage.

Par devant nous M. (*nom, prénoms, grade, emploi*),
A comparu :
M...
Lequel a, par ces présentes, déclaré consentir au mariage que M. (*nom, prénoms, domicile*), son fils, né à..., le..., se propose de contracter avec Mlle...
En conséquence, il autorise tous officiers de l'état civil à procéder au mariage, sur la seule présentation du présent acte.
Dont acte.
Fait et passé...
(Le reste comme au modèle n° 1.)

3° Modèle de consentement à engagement militaire.

Par devant nous, M. (*nom, prénoms, grade, emploi*),
A comparu :
M...
Lequel a, par ces présentes, déclaré consentir à ce que M. (*nom, prénoms, domicile*), son fils, contracte un engagement volontaire dans l'armée française pour (indiquer le temps).
Il l'autorise, en conséquence, à signer tous actes, registres et procès-verbaux.

Dont acte.
Fait et passé à...
(Le reste comme au modèle n° 1.)

4° Modèle d'autorisation maritale.

Par devant nous, M. (*nom, prénoms, grade, emploi*),
A comparu :
M...
Lequel a, par ces présentes, donné tous pouvoirs et autorisations nécessaires,
A Mme (*nom, prénoms, qualité*), son épouse, demeurant à...
A l'effet de :
(Indiquer les pouvoirs que le comparant désire conférer.)
Dont acte.
Fait et passé à...
L'an..., etc.

N° 5. Modèle de testament public.

I. — Testament reçu par deux fonctionnaires de l'intendance.

Par devant nous, M. N... (*nom, prénoms, grade, emploi du fonctionnaire*), et M. C... (*nom, prénoms, grade, emploi*) (1), soussignés,
A comparu :
M. (*nom, prénoms, grade, emploi du testateur*).
Lequel nous a dicté son testament ainsi qu'il suit :
Je lègue...

---

(1) Indiquer l'armée, le corps d'armée, la division et la brigade, ou l'établissement sanitaire.

Ce testament a été écrit par M. N... en présence de M. C..., tel qu'il a été dicté par le testateur, lu à ce dernier, qui a déclaré le bien comprendre et y persévérer.

Puis lecture a été donnée au testateur de l'article 984 du Code civil qui indique l'époque à laquelle le présent testament cessera d'avoir son effet.

Fait et passé en double original,

A...

L'an...

Le...

Et, après une nouvelle lecture, le testateur a signé avec MM. N... et C..., officiers instrumentaires.

La lecture par M. N... au testateur de son testament et de l'article 984 du Code civil et la signature du testateur ont eu lieu en la présence réelle de M. C...

II. — Testament reçu par un officier supérieur, ou un fonctionnaire de l'intendance, ou un chef de détachement, ou par un médecin chef, assistés de deux témoins.

Par devant M. N... (*nom, prénoms, grade, emploi* (1).

En présence de M.

et de M. (*nom, prénoms, grade, emploi des témoins*).

Tous deux témoins requis ayant les qualités voulues par la loi ainsi qu'ils l'ont déclaré.

A comparu :

M. (*nom, prénoms, grade, emploi* (1).

Lequel a dicté à M. N..., en présence des témoins, son testament ainsi qu'il suit :

Je lègue....

Ce testament a été écrit par M. N..., en présence des témoins, tel qu'il a été dicté par le testateur et lu à ce dernier, qui a déclaré le bien comprendre et y persévérer.

---

(1) Indiquer l'armée, le corps d'armée, la division et la brigade, ou l'établissement sanitaire.

Puis lecture a été donnée au testateur de l'article 984 du Code civil indiquant l'époque à laquelle le présent testament cessera d'avoir son effet.

Fait et passé en double original.

A...

L'an...

Le...

Et, après une nouvelle lecture, le testateur a signé avec M. N..., officier instrumentaire, et les témoins.

La lecture par M. N..., au testateur, de son testament et de l'article 984 du Code civil, et la signature du testateur ont eu lieu en la présence réelle et simultanée des témoins.

Si le testateur ne peut signer, on devra clore ainsi :

Et, après une nouvelle lecture, le testateur, en présence des témoins et sur l'interpellation de M. N... a déclaré ne pouvoir signer à cause de (*indiquer la cause*). Par suite, les témoins ont seuls signé avec M. N...

La lecture par M. N... au testateur de son testament et de l'article 984 du Code civil ont eu lieu en la présence réelle et simultanée des témoins.

Paris et Limoges. — Imp. militaire Henri CHARLES-LAVAUZELLE

Librairie militaire Henri CHARLES-LAVAUZELLE

Paris, 11, place Saint-André-des-Arts.

Condition civile et politique des militaires. Recueil complet des lois, décrets, ordonnances, instructions, décisions et dispositions diverses actuellement en vigueur. — 2 volumes in-32, brochés.............. 1 »
Reliés toile anglaise.. 1 50

Mariage des officiers (recueil des ordonnances, décrets, décisions, circulaires, instructions, notes et modèles), par Genoux, capitaine trésorier de gendarmerie (2e édition, annotée et mise à jour). — Brochure in-8° de 64 pages... 1 25

Nouveaux codes français et lois usuelles civiles et militaires. Recueil spécialement destiné à l'armée. (10e mille.) — Volume in-32 de 1166 pages, relié toile anglaise, titre or... 5 »

Loi du 8 juin 1893, relative aux actes de procuration, de consentement et d'autorisation dressés aux armées ou dans le cours d'un voyage maritime, et **loi du 8 juin 1893,** portant modification des dispositions du Code civil relatives à certains actes de l'état civil et aux testaments faits soit aux armées, soit au cours d'un voyage maritime. — Brochure in-8° de 16 pages, *franco*.. » 30

Code-manuel des réquisitions militaires. Textes officiels annotés et mis à jour par de L..., licencié en droit, et l'intendant militaire A. T... (2e édition). — 3 volumes in-32 :

Tome Ier. — Exposé des principes; texte de la loi du 3 juillet 1877 et du règlement du 2 août 1877, avec notes et commentaires.

Tome II. — Recensement et réquisition des chevaux et voitures.

Tome III. — Guide pratique des diverses autorités et commissions pour l'application de la loi du 3 juillet 1877; formules et modèles.

Les 3 volumes, brochés... 1 50
Reliés toile anglaise... 2 25

L'armée et l'ordre public. — Etude sur la mission de l'armée en vue du maintien de l'ordre et de la tranquillité publique. — Brochure in-18 de 44 pages.. » 60

Notions du droit international destinées à MM. les officiers de l'armée active, de la réserve et de l'armée territoriale, et suivies d'un memento à l'usage des sous-officiers, caporaux, brigadiers et soldats. — Brochure in-32 de 128 pages... 1 25

Règlement du 21 mars 1893 sur les prisonniers de guerre, précédé du rapport de la commission de revision au ministre de la guerre. — Brochure in-8° de 80 pages, accompagnée des modèles, tarifs et pièces annexés, *franco*... » 75

Droit des gens. — Prisonniers de guerre et otages, par Eugène Vassaux, docteur en droit. — Volume in-8° de 112 pages............. 2 50
Ouvrage honoré d'une souscription du ministère de la guerre.

Décision ministérielle du 30 juillet 1890, portant description du modèle du brassard de la Convention de Genève. — (B. O. n° 52)...... » 15

Décret du 19 octobre 1892, portant règlement sur le fonctionnement des sociétés d'assistance aux blessés et malades des armées de terre et de mer. (B. O., n° 46).. » 20

Lois, décrets et règlements relatifs à l'organisation de l'armée, cadres et effectifs, comités, états-majors et service d'état-major, corps de troupe, états-majors particuliers et services divers, écoles, personnels divers. — Volume in-8° de 568 pages, broché....................... 6 »

La loi militaire sur le recrutement de l'armée du 15 juillet 1889 et la loi sur le rengagement des sous-officiers du 18 mars 1889 commentées et annotées par M. D. Mérillon, ✳, avocat général près la cour d'appel de Paris, ancien député et secrétaire de la commission de l'armée. — Volume in-8° de 832 pages, relié toile anglaise.......... 5 »

Librairie militaire Henri CHARLES-LAVAUZELLE
Paris, 11, place Saint-André-des-Arts.

Dictionnaire du recrutement, contenant tout ce qui est relatif au recrutement, à l'administration des réserves et de l'armée territoriale et aux réquisitions, par J. SAUMUR, archiviste de 1re classe d'état-major, ancien lieutenant de recrutement. — Volume grand in-8º de 608 pages, broché .. 10 »

Essai sur l'application de la loi du 15 juillet 1889 sur le recrutement de l'armée ou **Manuel du recrutement** de l'armée française, par J.-P.-V. SIMON, major d'infanterie hors cadre, commandant de recrutement. — Volume in-8º de 440 pages, broché .... 4 »
(Ouvrage honoré d'une souscription du ministère de l'instruction publique.)

La mobilisation, mesures préparatoires en temps de paix, recrutement et réquisitions militaires. Devoirs des municipalités en temps de guerre d'après les lois et règlements en vigueur, avec formules et tableaux, par Edmond Pascal. — Volume grand in-8º de 400 pages...... .... 5 »

Nouveaux Codes français et lois usuelles civiles et militaires. Recueil spécialement destiné à l'armée (10e mille). — Volume in-32 de 1166 pages, relié toile anglaise... 5 »

Recueil administratif à l'usage des corps de troupe de toutes armes ou **Code manuel**, par E. Charbonneau, officier d'administration principal. — Volume in-folio de 844 pages, broché........................... 17 50

Vade-mecum administratif de MM. les capitaines commandants et des sous-officiers comptables (7e édition à jour jusqu'en août 1893). — Volume in-8º de 356 pages....................................... 2 50

Manuel administratif à l'usage des corps de troupe de l'armée territoriale (chefs de corps, capitaines-majors, officiers comptables et commandants d'unités), par E. BONNET, capitaine-major du 76e régiment territorial d'infanterie. — Volume in-8º de 268 pages, broché............ 5 »

Cours professés à l'Ecole d'administration militaire de Vincennes. — 2 volumes in-8º formant ensemble 1,200 pages, brochés......... 12 »
Franco 12 85

Notions générales sur le service de la perception des contributions directes et de la recette municipale et hospitalière, *Guide des candats aux examens* (*sous-officiers et surnuméraires et des débutants*), par Lucien PINELLI, sous-chef de bureau au ministère des finances, officier d'académie, et Marcel SEXÉ, licencié en droit, rédacteur au ministère des finances, officier d'académie. Ouvrage accompagné de nombreux tableaux et modèles dans le texte et hors texte. — Vol. in-8º de 432 pages... 7 50

Projet de loi relatif à la constitution des cadres et des effectifs de l'armée active et de l'armée territoriale, déposé par le Gouvernement sur la tribune de la Chambre des députés, le 21 novembre 1892. — Volume in-8º de 152 pages, avec grandes marges et nombreux tableaux...... 1 »

La France et le service militaire de deux ans, par Maurice Bois, capitaine au 76e régiment d'infanterie, ancien professeur adjoint de géographie à l'Ecole spéciale militaire de Saint-Cyr. — Br. in-8º de 52 pages... » 75

Etude sommaire sur les écoles militaires préparatoires, par le lieutenant DES ECORRES. — Brochure in-8º de 28 pages.................. » 50

Réorganisation des personnels et des services administratifs de l'armée, proposition de loi présentée par M. GOTTERON, député. — Volume in-8º de 136 pages.. 1 50

Les compagnies mixtes en Afrique. — Br. in-8º de 60 pages...... 1 50
Les groupes francs dans l'infanterie. — Volume in-8º de 168 p., br. 3 »
Les compagnies franches dans la guerre moderne. — Brochure in-8º de 32 pages.. » 60
L'armée coloniale, par RENFLD, étude sur sa réorganisation. — Brochure in-18 de 36 pages.. » 75

Le catalogue général est envoyé gratuitement à toute personne qui en fait la demande.

www.ingramcontent.com/pod-product-compliance
Lightning Source LLC
Chambersburg PA
CBHW060912050426
42453CB00010B/1670